AF460740

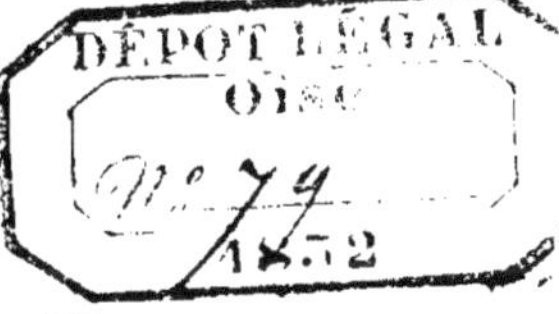

LE DUEL DE MON ONCLE

COMÉDIE EN UN ACTE, MÊLÉE DE CHANT,

Par M. AMÉDÉE ACHARD

REPRÉSENTÉE POUR LA PREMIÈRE FOIS, A PARIS, SUR LE THÉATRE DU VAUDEVILLE, LE 16 JUILLET 1852.

DISTRIBUTION DE LA PIÈCE.

M. DELAUNAY, chirurgien-major en retraite, 50 ans	MM. AMBROISE.
SAINT-ROBERT, capit. de spahis, 30 ans .	FÉLIX.
KENNEDIT, colonel anglais, 35 ans. . . .	BASTIEN.
D'ESPREMONT, jeune homme, 25 ans . .	ALLIÉ.
Le docteur FENIMORE, 55 ans.	LÉONCE.
MADAME DELAUNAY, 50 ans.	Mmes CASTEL.
JULIE, sa fille	WORMS.
UN DOMESTIQUE.	M. LÉON.

L'action se passe à la campagne, chez M. Delaunay, près Paris.

Les indications sont prises de la gauche du spectateur. Les changements sont indiqués par des renvois.

La scène représente un salon ouvert par trois portes-fenêtres au fond du jardin. — Portes latérales. — Un guéridon à droite; chaises.

SCÈNE Ire.

M. DELAUNAY. (*Il écrit assis devant le guéridon.*) MADAME DELAUNAY, JULIE, *assises près de lui et brodant.*

MADAME DELAUNAY.

Tu écriras donc toujours?

M. DELAUNAY.

Encore cette lettre et c'est fini.

MADAME DELAUNAY.

Veux-tu que je te dise, mon ami, j'ai grand peur que cette altercation que tu as eue à cause de nous à la sortie du spectacle, ne soit pour beaucoup dans toutes ces écritures.

M. DELAUNAY.

Bon! voilà ton imagination qui prend le galop! Un duel à mon âge! avec des jambes de cinquante ans.

JULIE.

Et une tête de vingt-cinq! vous êtes si vif, mon père!

M. DELAUNAY.

Oui, oui! un peu de vivacité et beaucoup de rhumatismes, l'un compense l'autre; tu es folle, mon enfant... Crois-tu qu'on ne puisse remettre un fat à sa place, sans être obligé de se battre le lendemain.

JULIE.

Vous l'avez fait... avec une chaleur...

M. DELAUNAY.

Ne te gêne pas... avec une brusquerie!... que veux-tu? Quand on a été chirurgien-major en Afrique pendant dix ans... il en reste toujours quelque chose.

MADAME DELAUNAY.

Comment l'appelles-tu donc ce jeune homme qui t'a donné sa carte hier? M. d'Espremont, je crois?

M. DELAUNAY.

Oui.

JULIE.

Pourquoi M. de Saint-Robert n'est-il pas ici? Je lui ai entendu parler de M. d'Espremont comme de son ami... il arrangerait cette sotte affaire.

M. DELAUNAY.

Ah! oui, M. de Saint-Robert, le beau capitaine en disponibilité, votre danseur des eaux de Vichy, l'homme du monde qui sait le mieux valser et faire des sottises.

JULIE. *

Oh! mon père, voulez-vous qu'il se laissât insulter par son supérieur?... lui, un officier réputé pour sa bravoure! Il a vengé son honneur.

M. DELAUNAY.

Et il a perdu ses épaulettes.

AIR : de *Julie*.

Sais-tu que pour gagner, ma chère,
Ce procès là, mauvais ou bon,
Il ne faudrait au ministère
Qu'un plaidoyer de ta façon;
Oui, ta toilette me dérobe
Un avocat du haut en bas,
Le talent ne te manque pas,
Et tu portes déjà la robe.

JULIE. *

Les injustices me révoltent... je tiens cela de vous, mon père.

M. DELAUNAY.

Et puis... M. de Saint-Robert dansait si bien... Mais, sois tranquille, je dois moi-même une réparation à M. de Saint-Robert.

JULIE.

Vous?

M. DELAUNAY.

Oui! oui, à cause de son oncle, auquel sans le vouloir, j'ai fait perdre un emploi... C'est une vieille histoire.

JULIE.

C'est singulier, M. de Saint-Robert ne nous en a jamais parlé?

M. DELAUNAY.

Peut-être n'en sait-il rien. Il y a vingt-cinq de cela. Une place que son oncle sollicitait me fut accordée. Le docteur Fenimore qui avait un amour-propre d'enfer, ne me l'a jamais pardonné. Là-dessus récriminations, échanges de lettres, provocations, que sais-je? Dix fois il a voulu me tuer... il m'a poursuivi en Espagne, en Morée, au diable! mais le hasard a fait que malgré vingt rendez-vous donnés et acceptés, nous n'avons jamais pu nous rencontrer.

JULIE.

Et vous croyez que le docteur y pense encore?

M. DELAUNAY.

Parbleu, le bonhomme qui me détestait cordialement, a fini par quitter l'Europe, mais j'ai reçu des lettres de lui, où il m'assure de sa haine et de sa rancune.

* Delaunay, Julie, madame Delaunay.

JULIE.

Quel entêté !

M. DELAUNAY.

Il paraît que de cette place dépendait un mariage auquel M. Fenimore tenait beaucoup... Cette circonstance, que j'ignorais, m'a tout expliqué, et le tort involontaire que j'ai eu envers l'oncle, je veux le réparer dans la personne de son neveu... J'ai écrit pour lui au ministre, et grâce à quelques amis, j'espère le faire rentrer dans son grade... J'attends la réponse aujourd'hui.

JULIE, *à part.*

Et le maladroit qui n'est pas là.

UN DOMESTIQUE, *entrant.*

M. Kennedit, à qui j'ai remis la lettre de monsieur, a répondu qu'il serait ici dans une heure.

M. DELAUNAY.

C'est bien.

MADAME DELAUNAY. *

Le colonel Kennedit à cette heure ? Tu me caches quelque chose.

M. DELAUNAY, *à part.*

Qu'elle ne se doute de rien ! (*Haut.*) Lui ? il vient déjeuner avec nous, et puis tu sais quelles sont ses intentions ?

JULIE.

Ah ! il peut bien y renoncer... je le déteste !...

LE DOMESTIQUE.

Un monsieur est là qui désire vous parler, voici sa carte.

MADAME DELAUNAY, *vivement.*

M. d'Espremont sans doute ?

M. DELAUNAY.

Non, regarde... M. de Saint-Robert.

JULIE, *à part.*

Lui !

LE DOMESTIQUE.

Il a ajouté comme ça que l'affaire qui l'amenait, ne souffrait pas de retard... Deux personnes accompagnent ce monsieur.

M. DELAUNAY.

Bon ! dites à M. de Saint-Robert que je l'attends. (*Le domestique sort.*)

JULIE, *à part.*

J'écouterai à la porte... je le verrai... et si c'est lui, je saurai bien lui parler. **

* Julie, Delaunay, madame Delaunay.

** Julie, madame Delaunay, Delaunay.

AIR : *Danse de la Favorite.*

ENSEMBLE.

M. DELAUNAY.

Maintenant, partez ensemble,
Et laissez-moi recevoir
Ce monsieur qui, ce me semble,
Est fort pressé de me voir.

MADAME DELAUNAY et JULIE.

Oui nous te/vous quittons ensemble
Pour te/vous laisser recevoir
Ce monsieur qui, ce me semble,
Est bien pressé de vous/te voir.

(*Julie embrasse son père, et sort avec madame Delaunay.*

SCÈNE II.

DELAUNAY, SAINT-ROBERT, GIGONNET et BRANDEBOURG, *dans le fond. — Ils se promènent dans le jardin.*

DELAUNAY, *il regarde la carte.*

M. de Saint-Robert, l'ami de M. d'Espremont, avec deux personnes... c'est clair... il y a un duel au bout de tout cela...

LE DOMESTIQUE, *annonçant.*

M. de Saint-Robert...

SAINT-ROBERT, *saluant.*

M. Delaunay, je crois...

M. DELAUNAY.

Oui monsieur... (*au domestique*), des sièges... laissez-nous et veillez à ce que personne ne nous dérange. (*Le domestique sort.*)

SAINT-ROBERT.

Mon Dieu, monsieur, ma visite vous paraîtra peut-être un peu bizarre, n'ayant pas l'honneur d'être connu personnellement de vous ; mais la nécessité est mon excuse, je suis chargé d'une mission délicate et pénible...

M. DELAUNAY.

Je comprends !... vous venez de la part de votre ami, M. d'Espremont.

SAINT-ROBERT.

D'Espremont? je ne l'ai pas vu depuis deux mois.

M. DELAUNAY.

Ah ! alors, vous venez ?

SAINT-ROBERT.

Pour moi, monsieur, et aussi pour mon oncle, le docteur Fenimore.

M. DELAUNAY.

Un homme fort distingué, quoique un peu irritable.

SAINT-ROBERT.

Brutal! monsieur, brutal.

AIR : *les plaisirs d'Allemayne.*

C'était un homme atrabilaire,
Taquin, fantasque et fort grognon,
Tout prêt à se mettre en colère
Pour un oui comme pour un non;
Figurez-vous le caractère
D'un porc-et-pic, d'un hérisson,
Cela sauf, il était bon frère,
Bon fils, bon oncle et bon garçon.

M. DELAUNAY.

Il avait, s'il m'en souvient, une blesssure à la jambe dont il souffrait beaucoup.

SAINT-ROBERT.

Il n'en souffre plus.

M. DELAUNAY.

Ah! tant mieux.

SAINT-ROBERT.

Il est mort.

M. DELAUNAY.

Ah! tant pis.

SAINT-ROBERT.

C'est même au sujet de cette mort que j'ai l'honneur de me présenter ici... Mon oncle m'a chargé d'une commission pour vous.

M. DELAUNAY.

Parlez, monsieur; si je puis vous être agréable en quelque chose, disposez de moi.

SAINT-ROBERT.

Agréable, non, mais utile c'est possible... Le docteur était fort original, monsieur, je ne sais pas ce que diable vous lui aviez fait, mais enfin il m'a fort recommandé en mourant de vous aller chercher.

M. DELAUNAY.

Voilà un souvenir qui me touche!

SAINT-ROBERT.

Attendez un peu... et puis... quand je vous aurais trouvé... nom d'un *c'ien!* comment vous dire cela?

M. DELAUNAY.

Comme vous le savez !

SAINT-ROBERT.

Eh bien ! monsieur, mon oncle m'a chargé de vous présenter ses compliments et de vous tuer... (*Il se lève et salue*.)

M. DELAUNAY.

Vous dites ?

SAINT-ROBERT.

Je dis, monsieur, que je suis chargé de vous tuer... Vous m'en voyez désolé, mais vraiment il n'y a pas de ma faute... J'étais à la campagne chez un ami, bien tranquillement, une lettre m'arrive, elle était du notaire de mon oncle, et m'annonçait que le docteur Fenimore m'avait institué son légataire universel, à la seule condition de vous provoquer en duel et de vous tuer ! (*appelant*) Gigonnet.

GIGONNET.

Monsieur ?

SAINT-ROBERT.

Veuillez communiquer à monsieur le testament de mon oncle... Lisez, monsieur, lisez... rien n'y manque !

M. DELAUNAY, *riant*.

C'est ma foi vrai !

SAINT-ROBERT.

Oh ! mon oncle était un homme de précaution.. il a même prévu le cas où j'aurais l'intention de ne pas obéir à ses dernières volontés, voyez plus bas ! « *Codicille : Si mon neveu le capitaine Saint-Robert n'exécutait pas formellement mes intentions à l'égard de M. Delaunay, j'entends que tous mes biens meubles et immeubles soient vendus pour le produit être distribué aux pauvres.* » Nom d'un c'ien ! est-ce clair ?

M. DELAUNAY.

Très clair.. Si bien que vous avez quitté, tout exprès, la campagne où vous étiez si tranquillement...

SAINT-ROBERT.

Tout exprès, et par respect pour la mémoire de mon oncle ; écoutez donc, il s'agit de 60,000 livres de rentes, que le bon docteur a gagnées au Canada, et je vous crois trop honnête homme pour vouloir me priver de cette fortune. On doit s'aider, entre compatriotes.

M. DELAUNAY.

Et se faire tuer pour l'amour de Dieu ! C'est peut-être compter un peu trop sur ma charité !

SAINT-ROBERT.

Ma foi, monsieur, mon oncle qui était célibataire... m'a élevé... Ce que je suis... je le lui dois un peu... et puisque votre mort paraît lui tenir au cœur, la reconnaissance m'impose le devoir de lui rendre ce dernier service.

M. DELAUNAY

Ah çà, monsieur, est-ce bien sérieusement que vous êtes venu me proposer cette plaisanterie ?

SAINT-ROBERT.

Très sérieusement ; je ne plaisante jamais quand il s'agit de 60,000 livres de rentes, nom d'un *c'ien!*

M. DELAUNAY.

Parbleu! monsieur, on m'avait bien dit que vous étiez d'un caractère original et l'homme du monde le plus leste à la réplique, mais venir en plein midi, le 7 septembre 1850, à dix lieues de Paris, dans une maison habitée, proposer gravement à un propriétaire qui vit de ses rentes, de vouloir bien en manière de divertissement, se couper la gorge pour obliger un passant, voilà qui preuve que vous valez mieux que votre réputation.

SAINT-ROBERT.

Vous me flattez ?

M. DELAUNAY.

Non.. d'honneur!... Malheureusement pour que la plaisanterie fût excellente, il faudrait deux consentements... et je n'en vois qu'un.. le vôtre!

SAINT-ROBERT.

C'est un commencement, et le reste ira tout seul.

M. DELAUNAY.

Ah ! par exemple !

SAINT-ROBERT, *l'interrompant.* *

Et puis, ce sera si vite fait! pif! paf! le temps d'échanger deux balles... Si j'hérite, ah! monsieur, quelle reconnaissance! Si vous me tuez, les pauvres vous devront un million... Quel concert de bénédictions... nom d'un *c'ien* ! ça m'attendrit !

M. DELAUNAY.

Les pauvres ! les pauvres... Et moi, monsieur?

SAINT-ROBERT.

Le ciel vous récompensera.

M. DELAUNAY.

Je vous trouve charmant!

SAINT-ROBERT.

Vous êtes trop bon.

M. DELAUNAY.

Ah! ça, monsieur, que répondriez vous si je vous priais très poliment de passer votre chemin et d'aller vous faire pendre ailleurs?

SAINT-ROBERT.

Ah ! monsieur, je n'en ferais rien qu'après vous !

* Saint-Robert, Delaunay.

M. DELAUNAY.

Monsieur !...

SAINT-ROBERT.

Voilà que nous allons nous entendre... d'ailleurs, feu mon oncle, le docteur Fenimore, n'avait-il pas eu quelque démêlé avec vous?

M. DELAUNAY.

Je le crois bien, un fou !

SAINT-ROBERT.

Je le représente.

M. DELAUNAY.

Parfaitement.

SAINT-ROBERT.

Vous lui aviez je crois promis de croiser l'épée ou d'échanger une balle avec lui!

M. DELAUNAY.

Parbleu ! il avait fini par m'agacer avec ses lettres... dix pages d'injures! qu'il n'affranchissait jamais! si nous avions pu nous rejoindre, quel massacre !

SAINT-ROBERT.

Eh bien ! ce service que vous n'avez pu rendre à l'oncle, le neveu serait charmé de l'obtenir de vous.

AIR : *Troupe jolie.*

C'est une dette de commerce,
Mon oncle est votre créancier,
Et pour lui plaire, ici j'exerce
Le ministère d'un huissier,
Pardonnez-moi ce sot métier,
D'un peu de plomb faisant l'échange,
Gaîment, vous aurez entre nous,
Accepté la lettre de change
Dont je suis porteur contre vous.

M. DELAUNAY.

Au fait, Monsieur, tout ceci commence à me fatiguer beaucoup et puisque vous y tenez tant... soit ! nous nous battrons...

SAINT-ROBERT.

Vons me ravissez... à cause de mon oncle !

M. DELAUNAY.

Je mettrai seulement une petite condition à ce duel.

SAINT-ROBERT.

Je vous dois trop pour vous rien refuser; parlez, Monsieur.

M. DELAUNAY, *à part.*

L'impertinent! (*haut.*) Une affaire importante réclame tout mon temps aujourd'hui.

SAINT-ROBERT.

Oh ! ne vous gênez pas, je suis logé ici près dans le village.

à l'enseigne du *Cheval Blanc* ; rien ne me presse, le testament de mon oncle me laisse un trimestre !... votre heure sera la mienne.

M. DELAUNAY.

On n'est pas plus accommodant !

SAINT-ROBERT, *montrant ses témoins. — Ils descendent en scène.* *

Vous voyez ces deux messieurs, ce sont mes témoins, je les ai pris au mois dans la crainte où j'étais de ne pas terminer cette affaire de sitôt... et aussi pour les avoir toujours sous la main.

M. DELAUNAY, *riant.*

Diable ! monsieur, je vois qu'avec sa fortune, votre oncle vous a aussi légué ses précautions.

SAINT-ROBERT.

Tenez, Monsieur, voulez-vous que je vous dise mon sentiment ?

M. DELAUNAY.

Dites !

SAINT-ROBERT.

Je crois que mon oncle avait tort ! vous prenez si galamment les choses, que si je n'étais pas ruiné, parbleu ! je vous demanderais votre amitié.

M. DELAUNAY, *à part.*

Quel fou ! (*Haut.*) Qu'à cela ne tienne, vous l'aurez pour 24 heures, voici ma main.

SAINT-ROBERT

Je la prends, et si l'ombre de mon oncle n'est pas contente, tant pis pour elle.

M. DELAUNAY.

A demain, Monsieur.

ENSEMBLE.

Air :

Oui je prends votre main.
Vous avez ma parole
Et puis changeant de rôle,
Nous nous battrons demain. (*Il le salue et sort*).

SCÈNE III.

SAINT-ROBERT, GIGONNET, BRANDEBOURG.

SAINT-ROBERT, *à part.*

Voici un homme charmant. (*Haut.*) Et vous, mes gentilshommes, qu'en pensez-vous ?

* Saint-Robert Gigonnet. Brandebourg, Delaunay.

GIGONNET.

Parfait!

BRANDEBOURG.

Convenable...

SAINT-ROBERT.

Allons voir alors comment on déjeune *au Cheval Blanc.* (*Au moment où ils vont pour sortir, Julie paraît sur le seuil de la porte.*)

JULIE. *

Hum! hum!

SAINT-ROBERT.

Une femme! (*la regardant.*) Mais je ne me trompe pas, mademoiselle Julie!

JULIE.

C'est bien heureux! On dirait que vous avez de la peine à reconnaître vos amis?

SAINT-ROBERT.

On ne croit pas toujours à ce qu'on désire le plus... mais par quel hasard ici?

JULIE.

Comment un hasard, mais je suis ici chez moi, chez mon père.

SAINT-ROBERT.

Quoi! M. Delaunay serait... mais c'est juste... vous vous appelez aussi Delaunay. (*A part.*) qu'elle rencontre! (*A ces témoins.*) Messieurs, allez m'attendre à table... je suis à vous. (*Ils sortent.*)

SCÈNE IV.

SAINT-ROBERT, JULIE.

SAINT-ROBERT.

Ainsi, vous dites que M. Delaunay est votre père?

JULIE.

Oui monsieur, et voilà justement ce qui m'irrite contre vous, vous ne songez seulement pas à nous rendre visite et la première fois vous venez c'est pour un duel.

SAINT-ROBERT.

Quoi? vous savez?

JULIE.

Je sais que vous êtes l'ami de M. d'Espremont que mon père a un peu rudement mené hier.

SAINT-ROBERT, *à part.*

Qu'est-ce que j'apprends là! cette affaire importante dont M. Delaunay me parlait. (*Haut.*) Voyons, mademoiselle, expliquez-moi un peu tout cela, vous disiez...?

JULIE.

Mais c'est fort clair! M. d'Espremont, hier à la sortie du spec-

* Julie, Saint-Robert.

tacle, se permit quelques propos que je n'ai pas entendu... mais dont mon père se montra très-irrité... un chirurgien major... c'est presque un officier... il porte l'épée.

SAINT-ROBERT.

Et le bistouri... nom d'un *c'ien*! deux fers pour un!

JULIE.

Vous plaisantez toujours!

SAINT-ROBERT.

C'est une habitude que j'ai prise quand les affaires me semblent sérieuses... ça les égaie... continuez...

JULIE.

Le reste va de soi... M. d'Espremont se fâcha... On échangea deux cartes, et ce matin, nous attendions la visite de ce monsieur, ou de ses témoins... vous ne venez donc pas pour monsieur d'Espremont?

SAINT-ROBERT.

Dieu m'en garde!

JULIE.

Mais alors?

SAINT-ROBERT, *vivement*.

Oh! une affaire de famille... vous saurez plus tard. (*A part.*) Toujours trop tôt... diable de commission, va...

JULIE.

Eh! bien j'en suis bien aise... ça me répugnait de penser qu'un jeune homme qui a été notre cavalier aux eaux, pût servir de témoin à l'ennemi de mon père... quand on a valsé vingt fois ensemble, on se connaît un peu.

SAINT-ROBERT.

.. Beaucoup.

JULIE.

Sans doute... et cela crée des liens...

SAINT-ROBERT.

Certainement... ! (*à part.*) Elle est charmante!

JULIE.

Ainsi, vous empêcherez ce duel, vous qui êtes l'ami de M. d'Espremont? vous me le promettez?

SAINT-ROBERT.

Si je l'empêcherai, je le crois bien! fiez-vous à moi (*à part*) nom d'un *c'ien*! il faut que ce duel n'ait pas lieu! pauvre petite!

JULIE.

Oh! je ne sais comment vous remercier... Et puis il y a des gens qui prétendent que la danse ne sert à rien... enfin, voyez ce qui serait arrivé, si nous n'avions pas valsé ensemble tout cet été à Vichy? Vous en souvenez-vous?

SAINT-ROBERT.

Si je m'en souviens! Mais ce sont les souvenirs les plus doux de ma vie... Cependant un beau matin, Mme Delaunay et vous, vous partiez sans me dire même où je pourrais vous retrouver.

JULIE.

Une indisposition subite de mon père nous fit quitter les eaux dans la nuit.

SAINT-ROBERT.

Et depuis, pas un mot!.. Où courir pour vous revoir?

JULIE.

Il fallait chercher.. on s'occupe de vous ici, et plus que vous ne le méritez peut-être...

SAINT-ROBERT.

Vraiment?

JULIE.

Je vous dirais, même en confidence... mais on vient...

SAINT-ROBERT.

C'est M. d'Espremont... Vous disiez...

JULIE.

Non.. pas à présent.. songez à ce que vous m'avez promis..

SAINT-ROBERT.

Ah! pour ce duel! soyez tranquille.. je réponds de tout.

ENSEMBLE.

Air : *Gentille prisonnière* (Moulin joli.)

JULIE.

Il me rend l'espérance,
Sa voix me fait du bien,
Dans une heure je pense
Je ne craindrai plus rien.

SAINT-ROBERT.

Ayez bonne espérance,
Et sur moi comptez bien,
Dans une heure je pense
Vous ne craindrez plus rien.

SCÈNE V.

SAINT-ROBERT, D'ESPREMONT.

SAINT-ROBERT.

Ce cher d'Espremont.

D'ESPREMONT.

Tiens, ce cher capitaine.. mais il y a des siècles qu'on ne t'a vu... que deviens-tu donc?

SAINT-ROBERT.

Rien.. et toi?

D'ESPREMONT.

Pas grand chose.. je me promène, et toi ?

SAINT-ROBERT.

Je fume.. la vie est si triste !

D'ESPREMONT.

Ah ! ne m'en parle pas, c'est ce que nous disions encore hier en dinant au café de Paris.

SAINT-ROBERT.

Et c'est pourquoi tu t'es permis quelques légèretés à la sortie du spectacle?

D'ESPREMONT.

Tiens, tu sais cela, toi ?

SAINT-ROBERT.

Parbleu ! puisque nous nous coupons la gorge ce matin bien gentiment !

D'ESPREMONT.

Moi avec toi, l'un aidant l'autre?

SAINT-ROBERT.

Eh ! oui. (*à part.*) Allons il n'y a que ce moyen. (*haut.*) Ce cher d'Espremont... le voilà tout étonné !

D'ESPREMONT.

On le serait à moins, que diable ! je ne t'ai pas vu depuis deux mois, et la première chose que tu me proposes en me rencontrant, c'est un duel.

SAINT-ROBERT.

Au fait... tu ne sais pas... ce cher d'Espremont, je lui dois bien une explication...

D'ESPREMONT.

Elle me fera plaisir.

SAINT-ROBERT.

Tel que tu me vois, mon très-cher, je suis amoureux fou de Mlle Delaunay.

D'ESPREMONT.

C'est donc pour cela que tu ne soupais plus.

SAINT-ROBERT.

Oui, pour cela, et ensuite parce que je n avais plus d'argent.

D'ESPREMONT.

Ce pauvre ami !

SAINT-ROBERT.

Très-pauvre et très-ami... Etant amoureux... il m'a pris fantaisie de me marier... tu comprends.

D'ESPREMONT.

Je ne comprends pas.. mais c'est égal.. continue..

SAINT-ROBERT.

Quand on a l'espoir et la volonté de se marier.. on a bien le droit de se considérer comme le gendre de son futur beau-père.. n'est-ce pas?

D'ESPREMONT.

Si ça t'amuse.

SAINT-ROBERT.

Beaucoup... Maintenant donc, suis bien mon raisonnement... Gendre de M. Delaunay, je ne puis pas décemment laisser battre mon beau père contre un sacripant tel que toi.. *nom d'un c'ien!* c'est un père de famille.. et la morale veut que je prenne sa place.

D'ESPREMONT.

Afin de mieux prendre sa fille... Très-bien.

SAINT-ROBERT.

Il va sans dire que mon brave homme de beau-père ne sait pas le premier mot de nos petits arrangements... Toi.. que veux-tu? une réparation?

D'ESPREMONT.

Ni plus, ni moins.

SAINT-ROBERT.

Je te l'offre... un capitaine vaut un chirurgien..

D'ESPREMONT.

C'est juste.

SAINT-ROBERT.

Et puis, tu ne sais pas...

AIR : *Tenez moi je suis un brave homme.*

Pour moi cet homme qui m'enchante,
Porte cachés dans ses habits
Soixante mille francs de rente,
A l'ombre de ses cheveux gris.

D'ESPREMONT.

Je comprends! si par une botte
Je le tuais, ce coup fatal...

SAINT-ROBERT.

En immolant sa redingotte,
Immolerait mon capital. (*bis.*)

Eh! bon Dieu! mais tous tes créanciers m'intenteraient un procès en dommages-intérêts... C'est dit, nous nous battrons...

SAINT-ROBERT.

Tout de suite, si tu veux.

D'ESPREMONT.

Volontiers.

SAINT-ROBERT.

Ce cher ami, tu as des armes, des témoins?

D'ESPREMONT.

Des pistolets, des sabres, des épées et deux officiers de carabiniers.

SAINT-ROBERT.

Les miens sont ici près, dans une auberge, nous allons les prendre et chemin faisant nous arrangerons les conditions du combat.

D'ESPREMONT.

Oh! le fer ou le plomb, ça m'est égal.

SAINT-ROBERT.

Ce cher d'Espremont, que je suis donc content de t'avoir rencontré... tu te portes bien d'ailleurs...

D'ESPREMONT.

Très-bien. (*En sortant, Saint-Robert et d'Espremont rencontrent Kennedit, qu'ils saluent*).

SCÈNE VI.

LE COLONEL KENNEDIT, *suivi d'un groom qui porte une boîte de pistolets et des épées.*

SAINT-ROBERT, *à Kennedit en saluant.*

Après vous, monsieur.

KENNEDIT, *de même.*

Oh ! ces messieurs sont peut être pressés?

SAINT-ROBERT, *à d'Espremont.*

Crois-tu?

D'ESPREMONT.

Mais, oui... l'appétit vient en mangeant.

(*Ils sortent en riant.*)

KENNEDIT.

Ces français ça rit toujours. Il faudra que je leur demande comment ils font pour s'amuser. (*Au groom*) Posez ces armes là et prévenez monsieur Delaunay que je suis à ses ordres.

LE GROOM.

J'y cours.

KENNEDIT, *un instant seul, il regarde sa montre.*

Onze heures et demie... il m'avait dit à midi... mon exactitude est en avance... un duel à cinquante ans quand on est père de famille, c'est de la folie... Si jétais le gendre de monsieur Delaunay... ce duel n'aurait pas lieu. Mais je ne suis que son ami!... voyons cependant: l'amitié ne me donne-t-elle pas le droit d'exposer ma vie pour sauver celle d'un chirurgien qui pourrait être mon père?

SCÈNE VII.

KENNEDIT, M. FENIMORE (*tout en marchant fort vite.*)

FENIMORE, *regardant autour de lui.*

Oui, voilà bien le pavillon et la maison aux volets verts. C'est ici.

KENNEDIT, *à part.*

Un étranger.

FENIMORE.

M. Delaunay, s'il-vous-plaît ?

KENNEDIT.

Il est en affaire et je l'attends.

FENIMORE.

Ah ! en affaire... et vous avez des pistolets... Je comprends, une affaire d'honneur sans doute...

KENNEDIT.

Chut ! ces dames sont peut-être là ?

FENIMORE.

Très bien ! je me retire... (*A part.*) Allons, ça marche ! Le capitaine respecte le testament.

KENNEDIT.

Monsieur n'a rien à dire ?

FENIMORE.

Non, non, je reviendrai... Que M. Delaunay ne se dérange pas ! (*Il sort.*)

KENNEDIT.

Rien de plus !... Quel est cet original ?

SCÈNE VIII.

M. DELAUNAY, KENNEDIT.

M. DELAUNAY.

Ah ! vous voilà, mon ami. Ma lettre vous a dit ce que j'attendais de vous ?

KENNENIT.

Et c'est ce qui m'enrage !

M. DELAUNAY.

Bah ! ce n'est pas le premier, et ça me rajeunira.

KENNEDIT.

Voyons ! ne pourrait-on pas arranger...

M. DELAUNAY.

Et le puis-je... Vous allez en juger vous-même... Hier...

(*Au moment où M. Delaunay parle, on entend deux coups de pistolet.*)

SCÈNE IX.

LES MÊMES, MADAME DELAUNAY, JULIE, *elles sortent vivement de la maison.*

KENNEDIT.

Avez-vous entendu ?

M. DELAUNAY.

Parbleu !

MADAME DELAUNAY.

Quel est ce bruit ?

KENNEDIT.

Mais je suppose que c'est un coup de feu.

JULIE.

Maman... vois... des pistolets...

MADAME DELAUNAY.

J'en étais sûre... vous allez vous battre !... vous venez d'essayer ces armes.

JULIE.

Mon père.

KENNEDIT, *à part.* *

Bon !... ce cri, cette émotion... je crois que si je me battais pour le père... J'aurais des chances pour devenir le gendre... je me battrai...

SCÈNE X.

LES MÊMES, SAINT-ROBERT.

JULIE, *à part.*

M. de Saint-Robert... Ah ! je suis plus tranquille.

SAINT-ROBERT.**

Je vous dérange peut-être... mais je viens en ambassadeur porter à M. Delaunay des paroles de paix.

M. DELAUNAY.

A moi ?

JULIE, *à part.*

Il m'a tenu parole.

SAINT-ROBERT.

M. d'Espremont, mon ami, m'a chargé de vous exprimer tous ses regrets pour la petite altercation qu'il a eue avec vous hier...

M. DELAUNAY.

Mais alors, ce coup de feu...

* Madame Delaunay, Julie, Delaunay, Kennedit.

** Madame Delaunay, Julie, Delaunay, Saint-Robert, Kennedit.

SAINT-ROBERT.

Quoi ! je ne vous l'ai pas dit ? ce cher d'Espremont, mon ami, a une balle dans le bras... ici. (*à part et se grattant l'épaule*). *Nom d'un cien !* ça me cuit aussi ! (*haut*) Et comme il fait toujours les choses galamment, il m'a promis de vous écrire une lettre d'excuse.

M. DELAUNAY.

Très bien ! mais il me semble M. l'ambasadeur que vous pourriez me dire le nom de son adversaire, il m'a tout l'air d'être de votre connaissance intime.

SAINT-ROBERT,

Vous croyez, c'est possible... le fait est que ce cher d'Espremont, mon ami, a une balle dans le bras ; c'est bien triste !

M. DELAUNAY.

Triste, soit ! mais peu clair !

KENNEDIT, *à part.*

Hum ! Mlle Delaunay regarde beaucoup ce monsieur... s'il avait pris ma place... je crois que j'aurais le droit de me fâcher.

SCÈNE XI.

LES MÊMES, D'ESPREMONT.

D'ESPREMONT.

Non morbleu !.. vous m'écorcherez tout vif ! (*A Saint-Robert.*) Le diable soit des médecins de village ! quels boureaux ! *

M. DELAUNAY.

Qu'est-ce ?

D'ESPREMONT.

Parbleu monsieur... je suis ravi de vous rencontrer ! mon ami a du vous le dire... j'ai une balle quelque part dans le bras, et ma foi je l'avais bien méritée... mais vous êtes chirurgien... et vous allez m'arrangez ça... sans rancune.

M. DELAUNAY.

Je suis tout à votre service.

SAINT-ROBERT, *à part.*

Le brigand ! pourvu qu'il ne parle pas !

D'ESPREMONT.

Et toi Saint-Robert, ta blessure comment va-t-elle ?

JULIE, *vivement.*

Sa blessure ?

M. DELAUNAY.

Ah ! lui aussi est blessé ?

D'ESPREMONT.

Il ne vous l'avait pas dit, c'est très délicat... mon cher !... depuis la chevalerie on n'a rien fait de mieux...

SAINT-ROBERT, *à part.*

Que le diable t'emporte !

* Madame Delaunay, Julie, Saint-Robert, Delaunay, d'Espremont, Kennedit.

JULIE, *à part.*

Se battre pour mon père... c'est bien !... (*Bas à Saint-Robert.*) Merci !... merci !... comptez sur ma reconnaissance...

SAINT-ROBERT, *de même.*

Mademoiselle...

KENNEDIT, *à part.*

Ils se parlent bas !... voilà qui me décide...

M. DELAUNAY, *bas à Saint-Robert.* *

J'aurai tout-à-l'heure un mot à vous dire.

SAINT-ROBERT, *à part.*

Voilà que ça commence. (*Haut.*) Deux, monsieur, deux !

KENNEDIT, *de même.*

Monsieur, je désirerais vous entretenir une minute.

SAINT-ROBERT, *à part.*

Lui aussi. (*De même.*) Deux, monsieur, deux !

D'ESPREMONT.

Mais pardieu, monsieur, nous sommes en famille et je peux parler... hâtez-vous donc de déclarer les choses publiquement, pour que je puisse avouer que je me suis battu avec votre gendre.

M. DELAUNAY.

Mon gendre !

JULIE, *à part.*

Que dit-il ?

SAINT-ROBERT, *à part.*

Gare la bombe !

KENNEDIT, *à part.* *

Son gendre ? mais que suis-je donc, moi ?

DELAUNAY, *à sa femme et à sa fille.*

Rentrez chez vous.

MADAME DELAUNAY.

Mon ami ce jeune homme a peut-être cru bien faire.

JULIE.

Mon père !... (*A part.*) Il n'avait pas eu là une si mauvaise idée? (*M. Delaunay la regarde — Elles rentrent.*)

SCÈNE XII.

SAINT-ROBERT, KENNEDIT, D'ESPREMONT, DELAUNAY.

D'ESPREMONT, *à Saint-Robert.*

Dis donc, je crois que j'ai fait une bêtise ?

SAINT-ROBERT.

Oui.

* Madame Delaunay, Julie, Saint-Robert, Delaunay, d'Espremont, Kennedit.

M. DELAUNAY, (*Il entraîne Saint-Robert sur le devant de la scène.*

C'est donc vous, monsieur, qui vous nommez mon gendre sans mon consentement?

SAINT-ROBERT.

Oh! une plaisanterie.

M. DELAUNAY.

Fort mauvaise, monsieur!

SAINT-ROBERT.

Mais non, puisqu'elle a réussi...

M. DELAUNAY.

Brisons-là, monsieur, vous venez ce matin, je ne sais sous quel prétexte, me chercher la plus sotte querelle... j'ai la patience de vous écouter... et une sottise ne vous suffit pas...

SAINT-ROBERT.

Oh! quand on est entrain...

M. DELAUNAY

Parbleu! vous m'y avez mis, et c'est moi qui vous demande une réparation.

SAINT-ROBERT.

Je n'ai rien à vous refuser.

D'ESPREMONT, *s'avançant.*

Je ne voudrais pas vous déranger, monsieur; mais, c'est ma balle qui ne veut pas attendre.

M. DELAUNAY.

Je suis à vous, monsieur...

SCÈNE XIII.

SAINT-ROBERT, KENNEDIT.

SAINT-ROBERT.

Prévenons Gigonnet et Brandebourg. (*Il va pour sortir.*)

KENNEDIT.

Eh! monsieur?

SAINT-ROBERT.

Qu'y a-t-il?

KENNEDIT.

Il y a moi... (*se présentant.*) Sir Arthur Kennedit, de Devensniorw en Devonshire, baronnet, colonel au 7e hussards de Sa Majesté la reine d'Angleterre.

SAINT-ROBERT.

Le 7e hussards! un fort beau régiment que j'ai vu à Glascow, l'an dernier.

KENNEDIT.

Il m'appartient.

SAINT-ROBERT.

Je vous en fais mon compliment!

KENNEDIT.

Quoique baronnet, je suis amoureux de mademoiselle Delaunay.

SAINT-ROBERT.

Parbleu! monsieur, vous avez le goût bon! mademoiselle Delaunay est tout-à-fait charmante et on ne peut la voir sans l'aimer; bonsoir, monsieur!

KENNEDIT.

Voilà justement ce que je ne dois pas supporter... dans la position ou je suis vis-à-vis de mademoisllé Delaunay, il me semble que je ne puis pas tolérer que vous vous battiez pour le père et que vous prétendiez au cœur de la fille.

SAINT-ROBERT.

Ah ça! monsieur, dans quelle diable de position vous croyez-vous donc? Vous vous donnez du gendre gros comme le bras... c'est au moins beaucoup de prétention... Vous, le gendre de M. Delaunay? Eh! monsieur, vous ne l'êtes pas plus que moi, un peu moins, peut-être! Bonsoir, monsieur!

KENNEDIT.

Cependant M. Delaunay, agrée ma recherche.

SAINT-ROBERT.

Il s'agit de la fille, monsieur; et puisqu'il faut vous le dire, la fille ne vous aime pas.

KENNEDIT.

Hein?

SAINT-ROBERT.

Voilà deux heures que j'hésite à vous le dire, et voilà trois semaines que vous auriez dû le comprendre. Bonsoir, monsieur!

KENNEDIT.

Mais...

SAINT-ROBERT.

Si vous m'en croyez, vous retournerez à Glascow, ou le 7e hussards pleure votre absence... un si beau régiment, tant de hussards dans les larmes, nom d'un *cien*, çà fait pitié!... Bonsoir, monsieur.

KENNEDIT.

Eh bien! monsieur, le 7e hussards vous prie de lui rendre raison.

SAINT-ROBERT, *à part.*

Et de trois... (*Haut.*) Croyez-vous que j'en aie le temps, monsieur.

KENNEDIT.

Vous le trouverez.

SAINT-ROBERT.

Vous raisonnez à merveille, quoique baronnet... ma foi, monsieur j'accepte, mais seulement pour rendre service à mademoiselle Delaunay. Vous me promettez que cela ne sera pas long?

KENNEDIT.

Comptez sur moi ; je vais, et je reviens.

SAINT-ROBERT.

Bon ! moi je vais et je vous laisse. (*Ils sortent.*)

SCÈNE XIV.

DELAUNAY, un instant seul, puis FENIMORE.

M. DELAUNAY.

Voilà qui est fait. Ce pansement ma retenu plus longtemps que je ne croyais... un peu plus bas et le coude était cassé... Voyons maintenant ce diable d'homme... je l'ai laissé avec le colonel... où diable est-il donc? il aurait pu m'attendre un peu, ce me semble.

FENIMORE, *marchant fort vite et à part.* *

Ah! j'ai entendu deux coups de feu tout-à-l'heure, et je vais savoir où en est cette affaire (*apercevant Delaunay.*) Pardon, monsieur, vous êtes sans doute de la maison?

M. DELAUNAY.

Oui, monsieur. (*A part.*) Serait-ce de la part de M. de Saint-Robert... quelle impatience !...

FENIMORE.

Pourriez-vous me dire, si M. Delaunay est mort ?

M. DELAUNAY.

Qui ?

FENIMORE.

M. Delaunay?

M. DELAUNAY.

Pourquoi diable voulez-vous qu'il soit mort?

FENIMORE.

Parce qu'un nommé Saint-Robert s'est chargé de le tuer.

M. DELAUNAY, *regardant la porte.* **

Pas de si haut.

* Madame Delaunay, Julie remontée, Kennedit, Saint-Robert, d'Espremont.

** Madame Delaunay, Julie, Saint-Robert, Delaunay, D'espremont, Kennedit.

FENIMORE.

Ah ! est-ce qu'il a un bon coup d'épée? un bras cassé? la tête fendue par hasard?

M. DELAUNAY.

Rien encore de tout cela, mais ça peut venir... M. Delaunay attend M. de Saint-Robert.

FENIMORE.

Pour un duel? ah tant mieux!

M. DELAUNAY.

Vous êtes bien bon... mais puis-je savoir à qui M. Delaunay doit un si vif intérêt?

FENIMORE.

C'est inutile; dites seulement à M. de Saint-Robert, que vous venez de voir le notaire de son oncle... il comprendra.

M. DELAUNAY, *à part.*

Et moi aussi (*haut*); mais parbleu! voilà M. de Saint-Robert que j'aperçois là-bas!

FENIMORE.

Bon ! vous lui ferez ma commission... je le laisse à ses affaires, plus tard il me reverra. (*Il sort en courant.*)

SCÈNE XV.

DELAUNAY, SAINT-ROBERT.

DELAUNAY, *le regardant.*

Quel notaire! mais sacrebleu! il faut que je prouve à tous ces gens-là que je me porte un peu mieux qu'ils ne le croient. (*A Saint-Robert.*) Ah! vous voilà, monsieur, vous vous faites attendre.

SAINT-ROBERT, *tirant sa montre.*

Oh! cinq minutes à peine... le temps d'aller et de revenir... comme il disait tout-à-l'heure.

M. DELAUNAY.

Et votre absence m'expose à recevoir des visites très-désagréables... le notaire de votre oncle est venu, monsieur, pour savoir si vous aviez rempli les clauses de certain testament.

SAINT-ROBERT.

Déjà ! est-il pressé, ce notaire, c'est comme le baronnet, un diable, monsieur, un vrai diable...

M. DELAUNAY.

Le baronnet, un diable! il est ici depuis un mois, et c'est à peine si l'on s'aperçoit de sa présence, vous n'y êtes que depuis ce matin, et tout est sens dessus dessous.

SAINT-ROBERT.

Alors, c'est que je suis contagieux... au fait vous ne savez pas, nous avons eu un petit bout de conversation, tête-à-tête, le baronnet et moi... C'est un homme charmant et qui fait honneur au 7e hussards... je suis seulement fâché de lui avoir donné un coup d'épée.

M. DELAUNAY.

Vous l'avez blessé? mais, monsieur, vous êtes insupportable... vous arrivez de je ne sais où...

SAINT-ROBERT.

Du Pecq, monsieur.

M. DELAUNAY.

Et vous abimez tout le monde... vos amis, le colonel, tout cela m'agace à la fin.. et je ne serai tranquille, que lorsque je vous aurai fourni les moyens de rejoindre votre oncle.

SAINT-ROBERT.

Merci, monsieur, le voyage est trop long... nom d'un *c'ien*... je préfère rester ici.

M. DELAUNAY.

Eh bien, nous allons causer ici près, dans le bois... vos témoins sont toujours là?

SAINT-ROBERT.

Toujours!... ah! mon Dieu! et moi qui oubliais ce pauvre baronnet!

M. DELAUNAY.

Qu'est-ce?

SAINT-ROBERT.

Il m'a prié de venir ici tout exprès pour réclamer vos soins.

M. DELAUNAY.

C'est donc grave?

SAINT-ROBERT.

Non... Vous y courez, n'est-ce pas?

M. DELAUNAY.

Oui, j'y cours, mais vous m'attendrez. (*Criant.*) Hé Julie!

JULIE, *dans la coulisse.*

Mon père?

M. DELAUNAY.

Ma trousse... et vivement.

SAINT-ROBERT, *se frottant l'épaule.*

Nom d'un *c'ien*... ça me cuit de ce côté-ci!... et de deux; je suis tout égratigné. (*Il s'asseoit.*)

M. DELAUNAY.

Que faites-vous là? on dirait que vous allez vous trouver mal!...

SAINT-ROBERT.

Moi... non... je m'asseois en attendant...

SCÈNE XVI.

LES MÊMES, JULIE.

JULIE.

Voilà mon père!

M. DELAUNAY.

Regarde un peu monsieur; il vient de fourrer son épée au travers du colonel.

JULIE.

Ah! mon Dieu!

SAINT-ROBERT.

Presque rien, mademoiselle, un pouce ou deux. (*à part.*) Ah! ça me cuit...

M. DELAUNAY.

C'est un enragé... lui, mon gendre... jamais! (*Au moment de sortir.*) Vous m'attendrez!

SAINT-ROBERT.

Parbleu!

M. DELAUNAY.

Et toi, rentre ma fille.

SCÈNE XVII.

SAINT-ROBERT, JULIE.

JULIE, *à part.*

Jamais!

SAINT-ROBERT.

Vous voilà tout interdite mademoiselle; est-ce ma présence qui vous fait peur?

JULIE.

Non; cependant, vous êtes un homme terrible... Depuis ce matin... on vous voit toujours le pistolet ou l'épée au poing... passe encore pour M. d'Espremont, qui voulait se battre contre mon père.

SAINT-ROBERT, *à part.*

Pauvre enfant si elle savait. Ça m'ôte tout mon courage, moi.

JULIE.

Mais ce pauvre colonel... il ne vous avait rien fait.

SAINT-ROBERT.

Je croyais que vous ne l'aimiez pas.

JULIE.

Sans doute. Mais on peut bien ne pas aimer les gens, et ne

pas désirer leur mort... et puis vous exposer.

SAINT-ROBERT.

Dam! il n'y avait que ce moyen de vous en débarrasser.

JULIE.

Quoi! c'était pour moi!

SAINT-ROBERT.

Certainement, et à présent vous n'avez plus rien à craindre... il renonce à vous.

JULIE.

Ah! tant mieux, du moment qu'il ne veut plus m'épouser, je demande pas mieux que de l'aimer, ce bon colonel.

SAINT-ROBERT, *à part.*

Charmante enfant!

JULIE.

Mais dites-moi... pourquoi donc mon père est-il fâché contre vous? il avait l'air furieux en sortant.

SAINT-ROBERT, *à part.*

Aie! (*Haut avec embarras.*) Oh! vous comprenez, à cause de M. Kennedit, qu'il aime beaucoup... dans le premier moment M. Delaunay a un peu crié...

JULIE.

Il ne faut pas y faire attention... mon père est vif, mais au fond c'est la bonté même... et tenez, ce matin, il en donnait encore une preuve, et cela à cause de vous.

SAINT-ROBERT.

De moi?

JULIE.

Oui, Monsieur, et c'est ce qui me rendait bien joyeuse, allez, car ce que mon père demande pour vous, il l'a obtenu.

SAINT-ROBERT.

Mais quoi donc?

JULIE.

C'est juste... vous ne savez pas... et je vais vous le dire... Il paraît que mon père a eu quelques démêlés avec votre oncle autrefois...

SAINT-ROBERT.

Oui je sais.

JULIE.

Ce bon père se les reprochait.. et ne pouvant rien faire pour l'oncle, il a pensé au neveu...

SAINT-ROBERT.

Vraiment?

JULIE.

Il vous souvient de l'aventure qui vous fit perdre vos épaulettes... Eh bien! mon père a vu ses amis du ministère de la guerre... la réponse est arrivée tout-à-l'heure, ma mère la décachetée, et...

SAINT-ROBERT.

Et?...

JULIE.

Vos épaulettes vous sont rendues.

SAINT-ROBERT.

A moi... mes épaulettes... je suis donc encore capitaine? est-ce bien possible?

JULIE.

Voyez plutôt... j'apportais la lettre à mon père... mais la demande qu'il m'a faite de sa trousse m'a toute troublée.

SAINT-ROBERT, *lisant.*

« Ce que vous me dites du capitaine Saint-Robert, a décidé le ministre... vous répondez de lui... nous n'hésitons plus, et l'ordre de sa réintégration dans le cadre d'activité vient d'être signé. » — Ainsi c'est à votre père que je dois... (*à part.*) Et tandis que ce brave homme s'occupait de mon avenir... je venais... je ne me le pardonnerai jamais!

JULIE.

Mais qu'avez-vous? on dirait que vous pleurez...

SAINT-ROBERT.

Moi? non! c'est-à-dire oui... ah! gredin!

JULIE, *à part.*

Que dit-il! Est-ce que la joie le rendrait fou? (*Haut.*) Voyons remettez-vous... et moi qui croyais vous faire plaisir... je me disais... M. de Saint-Robert nous devra son grade, il nous aimera, et comme on s'attache toujours à ceux à qui l'on rend service, mon père le prendra en amitié et alors...

SAINT-ROBERT.

Et alors...

JULIE, *avec embarras.*

Mais je ne sais pas... c'est tout...

SAINT-ROBERT.

Non... je sens là que ce n'est pas tout... Ah! Julie, depuis que je vous connais... maintenant surtout, que je puis apprécier tout ce qu'il y a de bon, de charmant en vous, je suis un autre homme; ah! Julie! vous ne comprenez pas?

JULIE.

Mais si... je comprends très-bien...

SAINT-ROBERT.

Vous savez donc que je vous aime?

M. DELAUNAY, *à la cantonnade.*

Enfin! il est parti!

JULIE.

Chut!.. voici mon père!.. je me sauve! (*Elle sort en courant*).

SCÈNE XVIII.

SAINT-ROBERT, M. DELAUNAY.

SAINT-ROBERT.

Un mot encore, mademoiselle. Ah! bien oui.. elle est déjà loin.. cette chère Julie.. Ah ! diable, voici le père.. il ne m'aime pas, lui.

M. DELAUNAY, *en entrant, pose deux epées sur la table.*

Bon! vous m'avez attendu, cette fois.. tant mieux.. ça ne sera pas long... Quel métier de carabin!.. du plomb par ici, du fer par là.. on n'y tient pas.. ouf.. je suis d'une humeur..

SAINT-ROBERT, *à part.*

Ça commence bien! (*haut*) Et M. Kennedit, ce bon colonel..

M. DELAUNAY.

Je viens de le mettre en chemin de fer.

SAINT-ROBERT.

Il est parti ?

M. DELAUNAY.

Parbleu!.. trajet direct.. grande vitesse... il prétend qu'on vous aime et qu'alors il n'a plus rien à faire ici.. mais mordieu! ça ne se passsera pas comme ça... voilà deux épées, il fait encore jour, et nous allons en découdre.

SAINT-ROBERT.

Vous y tenez donc beaucoup ?...

M. DELAUNAY.

Si j'y tiens.. un homme qui depuis ce matin marche dans mon existence comme un scarabée.. prenez cette épée..

SAINT-ROBERT.

Cette épée?

M. DELAUNAY.

Oui...

SAINT-ROBERT

Soit! (*à part*) Allons, il n'en démordra pas! Ah! nom d'un c'*ien*!... quelle idée.

M. DELAUNAY.

Prenez donc, monsieur.

SAINT-ROBERT.

Oui, je prends cette épée, mais à votre tour prenez cette lettre et lisez-la.

M. DELAUNAY

Pourquoi faire.

SAINT-ROBERT.

Lisez toujours.

· Saint-Robert, Delaunay.

M. DELAUNAY, *après avoir lu.*

Ah! bon! vous êtes nommé!.. un joli choix que le ministre a fait là..

SAINT-ROBERT.

C'est vous-même qui l'avez recommandé..

M. DEEAUNAIS.

Ah! si je vous avais connu... d'ailleurs que vous soyez nommé ou non.. qu'est-ce que ça prouve?

SAINT-ROBERT.

Parbleu! ça prouve que je suis un malotru.

M. DELAUNAY.

D'accord, et c'est pour cela que je veux vous apprendre à vivre, marchons.

SAINT-ROBERT, *jetant son épée.*

Jamais.

M. DELAUNAY.

Hein?

SAINT-ROBERT..

Non, jamais, et vous pouvez si ça vous amuse, me passer votre épée au travers du corps... ça ne m'empêchera pas de vous dire que j'ai eu tort.. cent mille fois tort...

M. DELAUNAY.

J'en conviens, mais suivez-moi.

SAINT-ROBERT.

Allons donc.. je ne me battrai pas.

M. DELAUNAY.

Vous ne vous battrez pas?

SAINT-ROBERT.

Non... un brave homme comme vous et qui a une si jolie fille.. nom d'un c'*ien*!... j'ai envie de me calotter.

M. DELAUNAY.

Et la clause du testament?

SAINT-ROÇERT.

Le testament.. au diable le testament! voilà ce que j'en fais du testament!.. (*Il le déchire*). Il me reste mon grade, et c'est assez si vous y joignez votre estime.

M. DELAUNAY, *à part.*

Allons, il y a du bon dans cette tête là.. On ne saurait perdre plus loyalement 60,000 livres de rentes.

SAINT-ROBERT.

Vous hésitez?

M. DELAUNAY, *lui tendant la main.*

Non, vraiment! vous êtes un galant homme, voilà ma main...

SAINT-ROBERT.

Encore pour vingt-quatre heures?

M. DELAUNAY.

Non! non!

SAINT-ROBERT.

Alors, monsieur, encore un mot... vous avez une fille ?

M. DELAUNAY.

Bon! je devine le reste, vous l'aimez, vous ne pouvez vivre sans elle, et vous vous offrez galamment à moi pour remplacer le gendre que vous m'avez fait perdre ce matin.. est-ce bien cela?

SAINT-ROBERT.

Puisque vous devinez si bien, faites mieux, donnez-moi votre fille en mariage et courons à la mairie bras dessus bras dessous... Votre bras, s'il vous plaît. (*Il lui présente le bras*).

M. DELAUNAY.

Un instant! vous êtes fort aimable... mais un mariage... c'est fort serieux, donc ne courons pas si vite.

SAINT-ROBERT.

Marchons si vous voulez.... votre bras.. (*Même jeu*).

M. DELAUNAY.

Mais vous n'y pensez pas.. et votre oncle?

SAINT-ROBERT.

Mon oncle! si vous refusez, j'irai plutôt le provoquer pour lui apprendre à me charger de ses sottes querelles.. et si je commets un onclide, ce sera votre faute...

M. DELAUNAY.

Allons, je vois qu'avec vous il faut faire des concessions.. vous allez partir.

SAINT-ROBERT.

Pour l'église.

M. DELAUNAY.

Non, pour l'Afrique.. vous vous conduirez en brave soldat, et quand vous serez commandant, vous reviendrez.

SAINT-ROBERT.

C'est-à-dire que vous me proposez un stage! j'entends déjà les vivandières.. voyez-vous là bas cet officier? c'est le capitaine Saint-Robert, candidat au mariage, nom d'un *c'ien*! ce sera gai!

M. DELAUNAY.

Gai! ou non, acceptez-vous.. c'est mon ultimatum!

SAINT-ROBERT

Et vous me promettez d'attendre?

M. DELAUNAY.

Oui.. foi de chirurgien-major.

SAINT-ROBERT.

Et si je ne reviens pas.

M. DELAUNAY.

Dam! ce sera un cas de force majeure.

SAINT-ROBERT.

Bigre !

SCÈNE XIX.

LES MÊMES, UN DOMESTIQUE.

LE DOMESTIQUE.

Un homme est là qui demande à parler à M. de Saint-Robert. Il dit comme cela qu'il est le notaire de son oncle.

SAINT-ROBERT.

Ah! le notaire, priez-le d'entrer. (*le domestique sort.*) Vous allez voir comme je vais l'expédier.

M. DELAUNAY.

Non.. pas en ma présence... Ce sont des affaires de famille.. je vous laisse, seulement nous dînons ensemble; vous nous ferez vos adieux au dessert. (*Il sort*).

SCÈNE XX.

SAINT-ROBERT, un peu après FENIMORE.

SAINT-ROBERT.

Ah ça! voyons, où est-il ce notaire pressé? (*Apercevant Fenimore.*) Ah! vous voilà, monsieur, c'est donc vous qui êtes le notaire de mon oncle?

FENIMORE.

Moi ou un autre.

SAINT-ROBERT, *l'examinant.*

Mais cette voix... cette tournure... sapristi!... si vous n'étiez pas mort... je vous dirais que vous êtes l'ombre de mon oncle.

FENIMORE.

Ah! brigand.

SAINT-ROBERT.

En colère déjà! vous êtes mon oncle, embrassez-moi.

FENIMORE, *le repoussant.*

Tu n'es plus mon neveu, traître... Qu'as-tu fait de mon testament?

SAINT-ROBERT.

Des cocottes; mais puisque vous voilà, qu'est-ce que ça fait? embrassez-moi.

FENIMORE, *de même.*

M. Delaunay est encore vivant... et tu oses te présenter devant moi.

SAINT-ROBERT.

Dam! que voulez-vous, cet homme a la manie de se bien porter... mais dites-moi, mon oncle, vous arrivez du Canada, peut-être avez-vous besoin de prendre une côtelette ou deux!

FENIMORE.

Va-t-en au diable! je te deshérite.

SAINT-ROBERT.

Oui, mon oncle!... je crois qu'un potage vous fera du bien.

FENIMORE.

Te moques-tu de moi?

SAINT-ROBERT.

Est-ce que j'en ai le temps... Ah ça, à propos, pourquoi diable n'êtes-vous pas mort?

FENIMORE.

C'était une léthargie... le testament parti, je me suis réveillé, et je me suis mis en route pour voir de quelle façon tu respectais la mémoire de ton oncle... mais ventrebleu! je suis ici, et M. Delaunay n'a qu'à bien se tenir.

SAINT-ROBERT.

Que voulez-vous faire?

FENIMORE.

Parbleu! le tuer.

SAINT-ROBERT.

Tuer... mon beau-père?

FENIMORE.

Ton beau-père! ah! coquin! tu me trahis! oui je le tuerai... deux fois.

SAINT-ROBERT.

Ni une ni deux!... Ah! Dieu! quel enthousiasme!

FENIMORE.

Et de ce pas, je cours le chercher.

SAINT-ROBERT, *prenant son oncle par le bras.*

Pas du tout!

FENIMORE.

Veux-tu me lâcher?

SAINT-ROBERT.

Si vous remuez si fort, vous allez vous casser...

FENIMORE.

Ah! tu le prends comme ça!

SAINT-ROBERT.

Oui, mon oncle... diable quand on n'a qu'un beau-père... on y tient...

FENIMORE.

Tant mieux, ça fait qu'en me vengeant de lui, je me vengerai aussi de toi... deux plaisirs.

SAINT-ROBERT.

Mais vous êtes un cannibal... une peau rouge, un anthropophage, qui diable a jamais entendu parler d'un oncle qui tue ses neveux... Ugolin mangeait ses fils ! mais bigre! il les avait faits !

FENIMORE.

Je crois que tu m'injuries?

SAINT-ROBERT.

Dieu m'en garde! nous causons !

FENIMORE.

Ah ! tu appelles ça une conversation, toi? je vais t'apprendre à parler gredin... mets-toi là ?

SAINT-ROBERT.

Où çà !

FENIMORE.

Voilà deux épées sur cette table, prends en une, et défends-toi ?

SAINT-ROBERT.

Quoi... vous voulez...

FENIMORE.

Je veux te faire voir ce que c'est qu'un oncle irrité... en garde...

SAINT-ROBERT.

Mais mon oncle !

FENIMORE.

Je te défends de m'appeler ton oncle... tiens ! (*Il le pousse.*) *

SAINT-ROBERT, *se défendant.*

Merci ! on a un joli caractère dans le Canada.

FENIMORE.

Ah ! tu me ménages !...

SAINT-ROBERT.

Dam ! un oncle ! c'est toujours respectable, surtout avec des rhumatismes...

FENIMORE.

Eh bien... attrape celle-là... et puis celle-ci... et puis cette autre...

SAINT-ROBERT.

Ah ! touché ! (*Il laisse tomber son épée.*)

FENIMORE.

C'est bien fait !

SAINT-ROBERT.

Ça fait trois !

FENIMORE.

Trois quoi ?

SAINT-ROBERT.

Trois blessures, nom d'un *cien!* je crois que ça me tourne sur le cœur.

* Fenimore, Saint-Robert.

FENIMORE.

Eh bien qu'est-ce?

SAINT-ROBERT.

Ah ! mais.. je ne me tiens plus.. Eh! mon oncle, votre bras.. c'est-il bête pour un capitaine de spahis.

FENIMORE.

Ah! malheureux ! il se trouve mal... Eh ! Saint-Robert reviens à toi.. il ne répond pas !.. j'ai tué mon neveu! un infanticide ! (*Il appelle.*) Eh ! quelqu'un ! au secours ! Ah ! cette sonnette ! (*Il sonne.*)

SCÈNE XXI.

LES MÊMES, DELAUNAY, JULIE, MADAME DELAUNAY.*

DELAUNAY.

Qu'est-ce donc ?

JULIE.

Ciel ! monsieur de Saint-Robert évanoui !...

FENIMORE.

Vous le connaissez, mademoiselle... pauvre garçon. je crois que j'ai tué mon neveu... je suis un scélérat...

M. DELAUNAY.

Son oncle, M. Fenimore. (*A part.*) Il n'est donc pas mort ? (*A M. Fenimore.*) Vous vous êtes donc battus ?

FENIMORE.

Il voulait vous défendre... vous comprenez...

JULIE.

Mon Dieu ! comme il est pâle ! Ah ! ce flacon... (*Elle lui frotte les tempes.*)

SAINT-ROBERT.

Ouf ! voilà que ça revient ! ah ! mademoiselle Julie. (*Il se lève.*)

FENIMORE.

Veux-tu bien t'asseoir !... M. Delaunay, examinez sa blessure.

M. DELAUNAY.

Quand vous êtes-là ! le meilleur praticien du monde, pour les blessures !... faites, monsieur, je regarderai... et ça me servira de leçon...

FENIMORE.

Vous dites ?... et devant tout le monde... ah ! monsieur cette parole efface tout... votre main...

M. DELAUNAY.

De grand cœur, monsieur...

* Madame Delaunay, Delaunay, Fenimore, Julie, Saint-Robert.

SAINT-ROBERT.

Et la mienne, mon oncle ?

FENIMORE.

La tienne... gredin... garde celle de mademoiselle, je vois à ton visage que ce sera ton meilleur chirurgien.

SAINT-ROBERT, *se levant.*

Oui... mais il y a le départ.

FENIMORE.

Le départ ?... qu'est-ce qui parle de départ ?

SAINT-ROBERT.

Parbleu ! mon beau-père !...

FENIMORE.

Vous ? ah ! par exemple ! si mon neveu part je reprends ma querelle... ou il restera, ou nous nous battrons... Choisissez...

JULIE.

Mon père...

MADAME DELAUNAY.

Mon ami !

SAINT-ROBERT.

D'abord si vous refusez, je tombe malade et je m'instale chez vous.

M. DELAUNAY.

Malade entre deux chirurgiens... malheureux ! Julie, prends bien vite le bras de M. de Saint-Robert et sauve-le !

SAINT-ROBERT.

Enfin voilà le duel de mon oncle...

FENIMORE, *l'interrompant.*

Fini par le mariage de mon neveu.

SAINT-ROBERT.

Non d'un *c'ien* ce n'est pas sans peine.

AIR : *Au temps heureux de la chevalerie.*

Vous le voyez messieurs j'eus fort à faire,
Sur moi les duels fondent de toutes parts.
Il m'a fallu pour trouver un beau père.
De trois combats affronter les hasards.
Tous ces dangers, renaîtront ce me semble
Et dès demain, mais je les craindrais moins,
Si vous vouliez revenir tous ensemble,)
Et me servir encore de témoins.) (bis.)

FIN.

S'adresser pour la musique, à M. TARANNE, 15, rue Montmartre.

Clermont (Oise). — Imp. A. D...

www.ingramcontent.com/pod-product-compliance
Ingram Content Group UK Ltd.
Pitfield, Milton Keynes, MK11 3LW, UK
UKHW021043180726
13838UKWH00004B/1974